HAVING A LOG PROVES YOUR DIVE EXPERIENCE

DIVER INFO

NAME :

ADDRESS :

PHONE :

EMAIL :

BLOOD TYPE :

DIVING CERTIFICATIONS :

EMERGENCY CONTACT

NAME :

ADDRESS :

PHONE :

RELATIONSHIP:

CHECKLIST :

- MASK
- FINS
- SNORKEL
- BOOTS
- GLOVES
- BCD
- REGULATOR
- COMPASS
- DIVE COMPUTER
- WET SUIT
- GEAR BAG
- BOAT BAG
- WEIGHT BELT/POCKETS
- CERTIFICATION
- LOG BOOK

- DIVE LIGHT
- BATTERIES
- SPARE PARTS KIT
- DIVING SLATE
- LINE CUTTER
- FIRST AID KIT

DIVE # :   LOCATION :

DATE :   WATER TEMP :   VISIBILITY :

AIR IN :   AIR OUT :   MAX DEPTH :

TIME IN :   TIME OUT :   TOTAL TIME :

BUDDY/DIVE PRO :

SIGNATURE/NUMBER :

DIVE # :   LOCATION :

DATE :   WATER TEMP :   VISIBILITY :

AIR IN :   AIR OUT :   MAX DEPTH :

TIME IN :   TIME OUT :   TOTAL TIME :

BUDDY/DIVE PRO :

SIGNATURE/NUMBER :

DIVE # :   LOCATION :

DATE :   WATER TEMP :   VISIBILITY :

AIR IN :   AIR OUT :   MAX DEPTH :

TIME IN :   TIME OUT :   TOTAL TIME :

BUDDY/DIVE PRO :

SIGNATURE/NUMBER :

DIVE # :   LOCATION :

DATE :   WATER TEMP :   VISIBILITY :

AIR IN :   AIR OUT :   MAX DEPTH :

TIME IN :   TIME OUT :   TOTAL TIME :

BUDDY/DIVE PRO :

SIGNATURE/NUMBER :

DIVE # :   LOCATION :

DATE :   WATER TEMP :   VISIBILITY :

AIR IN :   AIR OUT :   MAX DEPTH :

TIME IN :   TIME OUT :   TOTAL TIME :

BUDDY/DIVE PRO :

SIGNATURE/NUMBER :

DIVE # :   LOCATION :

DATE :   WATER TEMP :   VISIBILITY :

AIR IN :   AIR OUT :   MAX DEPTH :

TIME IN :   TIME OUT :   TOTAL TIME :

BUDDY/DIVE PRO :

SIGNATURE/NUMBER :

DIVE # :   LOCATION :

DATE :   WATER TEMP :   VISIBILITY :

AIR IN :   AIR OUT :   MAX DEPTH :

TIME IN :   TIME OUT :   TOTAL TIME :

BUDDY/DIVE PRO :

SIGNATURE/NUMBER :

DIVE # :　　　　LOCATION :

DATE :　　　　　WATER TEMP :　　　VISIBILITY :

AIR IN :　　　　 AIR OUT :　　　　　MAX DEPTH :

TIME IN :　　　　TIME OUT :　　　　 TOTAL TIME :

BUDDY/DIVE PRO :

SIGNATURE/NUMBER :

DIVE # :   LOCATION :

DATE :   WATER TEMP :   VISIBILITY :

AIR IN :   AIR OUT :   MAX DEPTH :

TIME IN :   TIME OUT :   TOTAL TIME :

BUDDY/DIVE PRO :

SIGNATURE/NUMBER :

DIVE # :　　　　　LOCATION :

DATE :　　　　　　WATER TEMP :　　　VISIBILITY :

AIR IN :　　　　　AIR OUT :　　　　　MAX DEPTH :

TIME IN :　　　　 TIME OUT :　　　　 TOTAL TIME :

BUDDY/DIVE PRO :

SIGNATURE/NUMBER :

DIVE # :   LOCATION :

DATE :   WATER TEMP :   VISIBILITY :

AIR IN :   AIR OUT :   MAX DEPTH :

TIME IN :   TIME OUT :   TOTAL TIME :

BUDDY/DIVE PRO :

SIGNATURE/NUMBER :

DIVE # :   LOCATION :

DATE :   WATER TEMP :   VISIBILITY :

AIR IN :   AIR OUT :   MAX DEPTH :

TIME IN :   TIME OUT :   TOTAL TIME :

BUDDY/DIVE PRO :

SIGNATURE/NUMBER :

DIVE # :   LOCATION :

DATE :   WATER TEMP :   VISIBILITY :

AIR IN :   AIR OUT :   MAX DEPTH :

TIME IN :   TIME OUT :   TOTAL TIME :

BUDDY/DIVE PRO :

SIGNATURE/NUMBER :

DIVE # : LOCATION :

DATE : WATER TEMP : VISIBILITY :

AIR IN : AIR OUT : MAX DEPTH :

TIME IN : TIME OUT : TOTAL TIME :

BUDDY/DIVE PRO :

SIGNATURE/NUMBER :

DIVE # : LOCATION :

DATE : WATER TEMP : VISIBILITY :

AIR IN : AIR OUT : MAX DEPTH :

TIME IN : TIME OUT : TOTAL TIME :

BUDDY/DIVE PRO :

SIGNATURE/NUMBER :

DIVE # :	LOCATION :

DATE :	WATER TEMP :	VISIBILITY :

AIR IN :	AIR OUT :	MAX DEPTH :

TIME IN :	TIME OUT :	TOTAL TIME :

BUDDY/DIVE PRO :

SIGNATURE/NUMBER :

DIVE # :   LOCATION :

DATE :   WATER TEMP :   VISIBILITY :

AIR IN :   AIR OUT :   MAX DEPTH :

TIME IN :   TIME OUT :   TOTAL TIME :

BUDDY/DIVE PRO :

SIGNATURE/NUMBER :

DIVE # : LOCATION :

DATE : WATER TEMP : VISIBILITY :

AIR IN : AIR OUT : MAX DEPTH :

TIME IN : TIME OUT : TOTAL TIME :

BUDDY/DIVE PRO :

SIGNATURE/NUMBER :

DIVE # :   LOCATION :

DATE :   WATER TEMP :   VISIBILITY :

AIR IN :   AIR OUT :   MAX DEPTH :

TIME IN :   TIME OUT :   TOTAL TIME :

BUDDY/DIVE PRO :

SIGNATURE/NUMBER :

DIVE # :   LOCATION :

DATE :   WATER TEMP :   VISIBILITY :

AIR IN :   AIR OUT :   MAX DEPTH :

TIME IN :   TIME OUT :   TOTAL TIME :

BUDDY/DIVE PRO :

SIGNATURE/NUMBER :

DIVE # :   LOCATION :

DATE :   WATER TEMP :   VISIBILITY :

AIR IN :   AIR OUT :   MAX DEPTH :

TIME IN :   TIME OUT :   TOTAL TIME :

BUDDY/DIVE PRO :

SIGNATURE/NUMBER :

DIVE # :   LOCATION :

DATE :   WATER TEMP :   VISIBILITY :

AIR IN :   AIR OUT :   MAX DEPTH :

TIME IN :   TIME OUT :   TOTAL TIME :

BUDDY/DIVE PRO :

SIGNATURE/NUMBER :

DIVE # :   LOCATION :

DATE :   WATER TEMP :   VISIBILITY :

AIR IN :   AIR OUT :   MAX DEPTH :

TIME IN :   TIME OUT :   TOTAL TIME :

BUDDY/DIVE PRO :

SIGNATURE/NUMBER :

DIVE # :　　　　LOCATION :

DATE :　　　　　WATER TEMP :　　　VISIBILITY :

AIR IN :　　　　 AIR OUT :　　　　　MAX DEPTH :

TIME IN :　　　　TIME OUT :　　　　TOTAL TIME :

BUDDY/DIVE PRO :

SIGNATURE/NUMBER :

DIVE # :   LOCATION :

DATE :   WATER TEMP :   VISIBILITY :

AIR IN :   AIR OUT :   MAX DEPTH :

TIME IN :   TIME OUT :   TOTAL TIME :

BUDDY/DIVE PRO :

SIGNATURE/NUMBER :

DIVE # :   LOCATION :

DATE :   WATER TEMP :   VISIBILITY :

AIR IN :   AIR OUT :   MAX DEPTH :

TIME IN :   TIME OUT :   TOTAL TIME :

BUDDY/DIVE PRO :

SIGNATURE/NUMBER :

DIVE # :   LOCATION :

DATE :   WATER TEMP :   VISIBILITY :

AIR IN :   AIR OUT :   MAX DEPTH :

TIME IN :   TIME OUT :   TOTAL TIME :

BUDDY/DIVE PRO :

SIGNATURE/NUMBER :

DIVE # :　　　　　LOCATION :

DATE :　　　　　　WATER TEMP :　　　VISIBILITY :

AIR IN :　　　　　AIR OUT :　　　　　MAX DEPTH :

TIME IN :　　　　 TIME OUT :　　　　 TOTAL TIME :

BUDDY/DIVE PRO :

SIGNATURE/NUMBER :

DIVE # :　　　　　LOCATION :

DATE :　　　　　　WATER TEMP :　　　VISIBILITY :

AIR IN :　　　　　AIR OUT :　　　　　MAX DEPTH :

TIME IN :　　　　 TIME OUT :　　　　 TOTAL TIME :

BUDDY/DIVE PRO :

SIGNATURE/NUMBER :

DIVE # :   LOCATION :

DATE :   WATER TEMP :   VISIBILITY :

AIR IN :   AIR OUT :   MAX DEPTH :

TIME IN :   TIME OUT :   TOTAL TIME :

BUDDY/DIVE PRO :

SIGNATURE/NUMBER :

DIVE # :   LOCATION :

DATE :   WATER TEMP :   VISIBILITY :

AIR IN :   AIR OUT :   MAX DEPTH :

TIME IN :   TIME OUT :   TOTAL TIME :

BUDDY/DIVE PRO :

SIGNATURE/NUMBER :

DIVE # :   LOCATION :

DATE :   WATER TEMP :   VISIBILITY :

AIR IN :   AIR OUT :   MAX DEPTH :

TIME IN :   TIME OUT :   TOTAL TIME :

BUDDY/DIVE PRO :

SIGNATURE/NUMBER :

DIVE # :   LOCATION :

DATE :   WATER TEMP :   VISIBILITY :

AIR IN :   AIR OUT :   MAX DEPTH :

TIME IN :   TIME OUT :   TOTAL TIME :

BUDDY/DIVE PRO :

SIGNATURE/NUMBER :

DIVE # :   LOCATION :

DATE :   WATER TEMP :   VISIBILITY :

AIR IN :   AIR OUT :   MAX DEPTH :

TIME IN :   TIME OUT :   TOTAL TIME :

BUDDY/DIVE PRO :

SIGNATURE/NUMBER :

DIVE # :   LOCATION :

DATE :   WATER TEMP :   VISIBILITY :

AIR IN :   AIR OUT :   MAX DEPTH :

TIME IN :   TIME OUT :   TOTAL TIME :

BUDDY/DIVE PRO :

SIGNATURE/NUMBER :

DIVE # : LOCATION :

DATE : WATER TEMP : VISIBILITY :

AIR IN : AIR OUT : MAX DEPTH :

TIME IN : TIME OUT : TOTAL TIME :

BUDDY/DIVE PRO :

SIGNATURE/NUMBER :

DIVE # :	LOCATION :

DATE :	WATER TEMP :	VISIBILITY :

AIR IN :	AIR OUT :	MAX DEPTH :

TIME IN :	TIME OUT :	TOTAL TIME :

BUDDY/DIVE PRO :

SIGNATURE/NUMBER :

DIVE # :　　　　　LOCATION :

DATE :　　　　　　WATER TEMP :　　　VISIBILITY :

AIR IN :　　　　　 AIR OUT :　　　　　MAX DEPTH :

TIME IN :　　　　　TIME OUT :　　　　 TOTAL TIME :

BUDDY/DIVE PRO :

SIGNATURE/NUMBER :

DIVE # :　　　　　LOCATION :

DATE :　　　　　　WATER TEMP :　　　VISIBILITY :

AIR IN :　　　　　AIR OUT :　　　　　MAX DEPTH :

TIME IN :　　　　 TIME OUT :　　　　 TOTAL TIME :

BUDDY/DIVE PRO :

SIGNATURE/NUMBER :

DIVE # :   LOCATION :

DATE :   WATER TEMP :   VISIBILITY :

AIR IN :   AIR OUT :   MAX DEPTH :

TIME IN :   TIME OUT :   TOTAL TIME :

BUDDY/DIVE PRO :

SIGNATURE/NUMBER :

DIVE # :   LOCATION :

DATE :   WATER TEMP :   VISIBILITY :

AIR IN :   AIR OUT :   MAX DEPTH :

TIME IN :   TIME OUT :   TOTAL TIME :

BUDDY/DIVE PRO :

SIGNATURE/NUMBER :

DIVE # :　　　　　LOCATION :

DATE :　　　　　　WATER TEMP :　　　VISIBILITY :

AIR IN :　　　　　AIR OUT :　　　　　MAX DEPTH :

TIME IN :　　　　 TIME OUT :　　　　TOTAL TIME :

BUDDY/DIVE PRO :

SIGNATURE/NUMBER :

DIVE # :   LOCATION :

DATE :   WATER TEMP :   VISIBILITY :

AIR IN :   AIR OUT :   MAX DEPTH :

TIME IN :   TIME OUT :   TOTAL TIME :

BUDDY/DIVE PRO :

SIGNATURE/NUMBER :

DIVE # :   LOCATION :

DATE :   WATER TEMP :   VISIBILITY :

AIR IN :   AIR OUT :   MAX DEPTH :

TIME IN :   TIME OUT :   TOTAL TIME :

BUDDY/DIVE PRO :

SIGNATURE/NUMBER :

DIVE # :   LOCATION :

DATE :   WATER TEMP :   VISIBILITY :

AIR IN :   AIR OUT :   MAX DEPTH :

TIME IN :   TIME OUT :   TOTAL TIME :

BUDDY/DIVE PRO :

SIGNATURE/NUMBER :

DIVE # : LOCATION :

DATE : WATER TEMP : VISIBILITY :

AIR IN : AIR OUT : MAX DEPTH :

TIME IN : TIME OUT : TOTAL TIME :

BUDDY/DIVE PRO :

SIGNATURE/NUMBER :

DIVE # :   LOCATION :

DATE :   WATER TEMP :   VISIBILITY :

AIR IN :   AIR OUT :   MAX DEPTH :

TIME IN :   TIME OUT :   TOTAL TIME :

BUDDY/DIVE PRO :

SIGNATURE/NUMBER :

DIVE # :   LOCATION :

DATE :   WATER TEMP :   VISIBILITY :

AIR IN :   AIR OUT :   MAX DEPTH :

TIME IN :   TIME OUT :   TOTAL TIME :

BUDDY/DIVE PRO :

SIGNATURE/NUMBER :

DIVE # : LOCATION :

DATE : WATER TEMP : VISIBILITY :

AIR IN : AIR OUT : MAX DEPTH :

TIME IN : TIME OUT : TOTAL TIME :

BUDDY/DIVE PRO :

SIGNATURE/NUMBER :

DIVE # :　　　　　LOCATION :

DATE :　　　　　　WATER TEMP :　　　VISIBILITY :

AIR IN :　　　　　AIR OUT :　　　　　MAX DEPTH :

TIME IN :　　　　　TIME OUT :　　　　TOTAL TIME :

BUDDY/DIVE PRO :

SIGNATURE/NUMBER :

DIVE # :　　　　LOCATION :

DATE :　　　　　WATER TEMP :　　　VISIBILITY :

AIR IN :　　　　 AIR OUT :　　　　　MAX DEPTH :

TIME IN :　　　　TIME OUT :　　　　 TOTAL TIME :

BUDDY/DIVE PRO :

SIGNATURE/NUMBER :

DIVE # :   LOCATION :

DATE :   WATER TEMP :   VISIBILITY :

AIR IN :   AIR OUT :   MAX DEPTH :

TIME IN :   TIME OUT :   TOTAL TIME :

BUDDY/DIVE PRO :

SIGNATURE/NUMBER :

DIVE # :　　　　LOCATION :

DATE :　　　　　WATER TEMP :　　　VISIBILITY :

AIR IN :　　　　 AIR OUT :　　　　　MAX DEPTH :

TIME IN :　　　　TIME OUT :　　　　TOTAL TIME :

BUDDY/DIVE PRO :

SIGNATURE/NUMBER :

DIVE # :   LOCATION :

DATE :   WATER TEMP :   VISIBILITY :

AIR IN :   AIR OUT :   MAX DEPTH :

TIME IN :   TIME OUT :   TOTAL TIME :

BUDDY/DIVE PRO :

SIGNATURE/NUMBER :

DIVE # :   LOCATION :

DATE :   WATER TEMP :   VISIBILITY :

AIR IN :   AIR OUT :   MAX DEPTH :

TIME IN :   TIME OUT :   TOTAL TIME :

BUDDY/DIVE PRO :

SIGNATURE/NUMBER :

DIVE # :   LOCATION :

DATE :   WATER TEMP :   VISIBILITY :

AIR IN :   AIR OUT :   MAX DEPTH :

TIME IN :   TIME OUT :   TOTAL TIME :

BUDDY/DIVE PRO :

SIGNATURE/NUMBER :

DIVE # :   LOCATION :

DATE :   WATER TEMP :   VISIBILITY :

AIR IN :   AIR OUT :   MAX DEPTH :

TIME IN :   TIME OUT :   TOTAL TIME :

BUDDY/DIVE PRO :

SIGNATURE/NUMBER :

DIVE # : LOCATION :

DATE : WATER TEMP : VISIBILITY :

AIR IN : AIR OUT : MAX DEPTH :

TIME IN : TIME OUT : TOTAL TIME :

BUDDY/DIVE PRO :

SIGNATURE/NUMBER :

DIVE # :　　　　　LOCATION :

DATE :　　　　　　WATER TEMP :　　　VISIBILITY :

AIR IN :　　　　　AIR OUT :　　　　　MAX DEPTH :

TIME IN :　　　　 TIME OUT :　　　　 TOTAL TIME :

BUDDY/DIVE PRO :

SIGNATURE/NUMBER :

DIVE # :　　　　LOCATION :

DATE :　　　　　WATER TEMP :　　　VISIBILITY :

AIR IN :　　　　 AIR OUT :　　　　　MAX DEPTH :

TIME IN :　　　　TIME OUT :　　　　 TOTAL TIME :

BUDDY/DIVE PRO :

SIGNATURE/NUMBER :

DIVE # :　　　　LOCATION :

DATE :　　　　　WATER TEMP :　　　VISIBILITY :

AIR IN :　　　　 AIR OUT :　　　　　MAX DEPTH :

TIME IN :　　　　TIME OUT :　　　　 TOTAL TIME :

BUDDY/DIVE PRO :

SIGNATURE/NUMBER :

DIVE # :　　　　　LOCATION :

DATE :　　　　　　WATER TEMP :　　　VISIBILITY :

AIR IN :　　　　　 AIR OUT :　　　　　 MAX DEPTH :

TIME IN :　　　　　TIME OUT :　　　　　TOTAL TIME :

BUDDY/DIVE PRO :

SIGNATURE/NUMBER :

DIVE # :   LOCATION :

DATE :   WATER TEMP :   VISIBILITY :

AIR IN :   AIR OUT :   MAX DEPTH :

TIME IN :   TIME OUT :   TOTAL TIME :

BUDDY/DIVE PRO :

SIGNATURE/NUMBER :

DIVE # : LOCATION :

DATE : WATER TEMP : VISIBILITY :

AIR IN : AIR OUT : MAX DEPTH :

TIME IN : TIME OUT : TOTAL TIME :

BUDDY/DIVE PRO :

SIGNATURE/NUMBER :

DIVE # :   LOCATION :

DATE :   WATER TEMP :   VISIBILITY :

AIR IN :   AIR OUT :   MAX DEPTH :

TIME IN :   TIME OUT :   TOTAL TIME :

BUDDY/DIVE PRO :

SIGNATURE/NUMBER :

DIVE # :　　　　　LOCATION :

DATE :　　　　　　WATER TEMP :　　　VISIBILITY :

AIR IN :　　　　　AIR OUT :　　　　　MAX DEPTH :

TIME IN :　　　　　TIME OUT :　　　　TOTAL TIME :

BUDDY/DIVE PRO :

SIGNATURE/NUMBER :

DIVE # :   LOCATION :

DATE :   WATER TEMP :   VISIBILITY :

AIR IN :   AIR OUT :   MAX DEPTH :

TIME IN :   TIME OUT :   TOTAL TIME :

BUDDY/DIVE PRO :

SIGNATURE/NUMBER :

DIVE # : LOCATION :

DATE : WATER TEMP : VISIBILITY :

AIR IN : AIR OUT : MAX DEPTH :

TIME IN : TIME OUT : TOTAL TIME :

BUDDY/DIVE PRO :

SIGNATURE/NUMBER :

DIVE # :   LOCATION :

DATE :   WATER TEMP :   VISIBILITY :

AIR IN :   AIR OUT :   MAX DEPTH :

TIME IN :   TIME OUT :   TOTAL TIME :

BUDDY/DIVE PRO :

SIGNATURE/NUMBER :

DIVE # :   LOCATION :

DATE :   WATER TEMP :   VISIBILITY :

AIR IN :   AIR OUT :   MAX DEPTH :

TIME IN :   TIME OUT :   TOTAL TIME :

BUDDY/DIVE PRO :

SIGNATURE/NUMBER :

DIVE # :   LOCATION :

DATE :   WATER TEMP :   VISIBILITY :

AIR IN :   AIR OUT :   MAX DEPTH :

TIME IN :   TIME OUT :   TOTAL TIME :

BUDDY/DIVE PRO :

SIGNATURE/NUMBER :

DIVE # : LOCATION :

DATE : WATER TEMP : VISIBILITY :

AIR IN : AIR OUT : MAX DEPTH :

TIME IN : TIME OUT : TOTAL TIME :

BUDDY/DIVE PRO :

SIGNATURE/NUMBER :

DIVE # :   LOCATION :

DATE :   WATER TEMP :   VISIBILITY :

AIR IN :   AIR OUT :   MAX DEPTH :

TIME IN :   TIME OUT :   TOTAL TIME :

BUDDY/DIVE PRO :

SIGNATURE/NUMBER :

DIVE # :

LOCATION :

DATE :

WATER TEMP :

VISIBILITY :

AIR IN :

AIR OUT :

MAX DEPTH :

TIME IN :

TIME OUT :

TOTAL TIME :

BUDDY/DIVE PRO :

SIGNATURE/NUMBER :

DIVE # :   LOCATION :

DATE :   WATER TEMP :   VISIBILITY :

AIR IN :   AIR OUT :   MAX DEPTH :

TIME IN :   TIME OUT :   TOTAL TIME :

BUDDY/DIVE PRO :

SIGNATURE/NUMBER :

DIVE # :　　　　　LOCATION :

DATE :　　　　　　WATER TEMP :　　　VISIBILITY :

AIR IN :　　　　　AIR OUT :　　　　　MAX DEPTH :

TIME IN :　　　　 TIME OUT :　　　　 TOTAL TIME :

BUDDY/DIVE PRO :

SIGNATURE/NUMBER :

DIVE # :   LOCATION :

DATE :   WATER TEMP :   VISIBILITY :

AIR IN :   AIR OUT :   MAX DEPTH :

TIME IN :   TIME OUT :   TOTAL TIME :

BUDDY/DIVE PRO :

SIGNATURE/NUMBER :

DIVE # :   LOCATION :

DATE :   WATER TEMP :   VISIBILITY :

AIR IN :   AIR OUT :   MAX DEPTH :

TIME IN :   TIME OUT :   TOTAL TIME :

BUDDY/DIVE PRO :

SIGNATURE/NUMBER :

DIVE # :   LOCATION :

DATE :   WATER TEMP :   VISIBILITY :

AIR IN :   AIR OUT :   MAX DEPTH :

TIME IN :   TIME OUT :   TOTAL TIME :

BUDDY/DIVE PRO :

SIGNATURE/NUMBER :

DIVE # :   LOCATION :

DATE :   WATER TEMP :   VISIBILITY :

AIR IN :   AIR OUT :   MAX DEPTH :

TIME IN :   TIME OUT :   TOTAL TIME :

BUDDY/DIVE PRO :

SIGNATURE/NUMBER :

DIVE # :   LOCATION :

DATE :   WATER TEMP :   VISIBILITY :

AIR IN :   AIR OUT :   MAX DEPTH :

TIME IN :   TIME OUT :   TOTAL TIME :

BUDDY/DIVE PRO :

SIGNATURE/NUMBER :

DIVE # : LOCATION :

DATE : WATER TEMP : VISIBILITY :

AIR IN : AIR OUT : MAX DEPTH :

TIME IN : TIME OUT : TOTAL TIME :

BUDDY/DIVE PRO :

SIGNATURE/NUMBER :

DIVE # :   LOCATION :

DATE :   WATER TEMP :   VISIBILITY :

AIR IN :   AIR OUT :   MAX DEPTH :

TIME IN :   TIME OUT :   TOTAL TIME :

BUDDY/DIVE PRO :

SIGNATURE/NUMBER :

DIVE # : LOCATION :

DATE : WATER TEMP : VISIBILITY :

AIR IN : AIR OUT : MAX DEPTH :

TIME IN : TIME OUT : TOTAL TIME :

BUDDY/DIVE PRO :

SIGNATURE/NUMBER :

DIVE # :　　　　LOCATION :

DATE :　　　　　WATER TEMP :　　　VISIBILITY :

AIR IN :　　　　AIR OUT :　　　　　MAX DEPTH :

TIME IN :　　　 TIME OUT :　　　　TOTAL TIME :

BUDDY/DIVE PRO :

SIGNATURE/NUMBER :

DIVE # :   LOCATION :

DATE :   WATER TEMP :   VISIBILITY :

AIR IN :   AIR OUT :   MAX DEPTH :

TIME IN :   TIME OUT :   TOTAL TIME :

BUDDY/DIVE PRO :

SIGNATURE/NUMBER :

DIVE # :　　　　LOCATION :

DATE :　　　　　WATER TEMP :　　　VISIBILITY :

AIR IN :　　　　 AIR OUT :　　　　　MAX DEPTH :

TIME IN :　　　　TIME OUT :　　　　TOTAL TIME :

BUDDY/DIVE PRO :

SIGNATURE/NUMBER :

DIVE # :   LOCATION :

DATE :   WATER TEMP :   VISIBILITY :

AIR IN :   AIR OUT :   MAX DEPTH :

TIME IN :   TIME OUT :   TOTAL TIME :

BUDDY/DIVE PRO :

SIGNATURE/NUMBER :

DIVE # : **LOCATION :**

DATE : **WATER TEMP :** **VISIBILITY :**

AIR IN : **AIR OUT :** **MAX DEPTH :**

TIME IN : **TIME OUT :** **TOTAL TIME :**

BUDDY/DIVE PRO :

SIGNATURE/NUMBER :

DIVE # :   LOCATION :

DATE :   WATER TEMP :   VISIBILITY :

AIR IN :   AIR OUT :   MAX DEPTH :

TIME IN :   TIME OUT :   TOTAL TIME :

BUDDY/DIVE PRO :

SIGNATURE/NUMBER :

DIVE # :   LOCATION :

DATE :   WATER TEMP :   VISIBILITY :

AIR IN :   AIR OUT :   MAX DEPTH :

TIME IN :   TIME OUT :   TOTAL TIME :

BUDDY/DIVE PRO :

SIGNATURE/NUMBER :

DIVE # :   LOCATION :

DATE :   WATER TEMP :   VISIBILITY :

AIR IN :   AIR OUT :   MAX DEPTH :

TIME IN :   TIME OUT :   TOTAL TIME :

BUDDY/DIVE PRO :

SIGNATURE/NUMBER :

DIVE # :   LOCATION :

DATE :   WATER TEMP :   VISIBILITY :

AIR IN :   AIR OUT :   MAX DEPTH :

TIME IN :   TIME OUT :   TOTAL TIME :

BUDDY/DIVE PRO :

SIGNATURE/NUMBER :

DIVE # :   LOCATION :

DATE :   WATER TEMP :   VISIBILITY :

AIR IN :   AIR OUT :   MAX DEPTH :

TIME IN :   TIME OUT :   TOTAL TIME :

BUDDY/DIVE PRO :

SIGNATURE/NUMBER :

DIVE # :   LOCATION :

DATE :   WATER TEMP :   VISIBILITY :

AIR IN :   AIR OUT :   MAX DEPTH :

TIME IN :   TIME OUT :   TOTAL TIME :

BUDDY/DIVE PRO :

SIGNATURE/NUMBER :

DIVE # :   LOCATION :

DATE :   WATER TEMP :   VISIBILITY :

AIR IN :   AIR OUT :   MAX DEPTH :

TIME IN :   TIME OUT :   TOTAL TIME :

BUDDY/DIVE PRO :

SIGNATURE/NUMBER :

DIVE # :   LOCATION :

DATE :   WATER TEMP :   VISIBILITY :

AIR IN :   AIR OUT :   MAX DEPTH :

TIME IN :   TIME OUT :   TOTAL TIME :

BUDDY/DIVE PRO :

SIGNATURE/NUMBER :

DIVE # : LOCATION :

DATE : WATER TEMP : VISIBILITY :

AIR IN : AIR OUT : MAX DEPTH :

TIME IN : TIME OUT : TOTAL TIME :

BUDDY/DIVE PRO :

SIGNATURE/NUMBER :

DIVE # :   LOCATION :

DATE :   WATER TEMP :   VISIBILITY :

AIR IN :   AIR OUT :   MAX DEPTH :

TIME IN :   TIME OUT :   TOTAL TIME :

BUDDY/DIVE PRO :

SIGNATURE/NUMBER :

DIVE # :   LOCATION :

DATE :   WATER TEMP :   VISIBILITY :

AIR IN :   AIR OUT :   MAX DEPTH :

TIME IN :   TIME OUT :   TOTAL TIME :

BUDDY/DIVE PRO :

SIGNATURE/NUMBER :

Made in the USA
Columbia, SC
18 May 2022